초등학교

생활
중국어

워크북

초등학교 생활 중국어 2 워크북

지은이 김지선, 조한나, 권승숙
펴낸이 임상진
펴낸곳 (주)넥서스

초판 1쇄 발행 2020년 4월 20일
초판 2쇄 발행 2020년 4월 24일

출판신고 1992년 4월 3일 제311-2002-2호
주소 10880 경기도 파주시 지목로 5
전화 (02)330-5500 팩스 (02)330-5555

ISBN 979-11-6165-856-8 64720
         979-11-6165-854-4 (세트)

www.nexusbook.com

시작부터 특별한 **어린이 중국어** 학습 프로그램

초등학교

생활 중국어 2

워크북

김지선·조한나·권승숙 지음
한국중국어교육개발원 감수

넥서스CHINESE

머리글

이 책은 『초등학교 생활 중국어』 2권의 워크북입니다. 여러분은 워크북의 활동을 통하여, 메인북에서 학습한 내용과 연계하여 다양하게 연습할 수 있습니다. 메인북의 내용은 ❶ 단원 소개, ❷ 읽기, ❸ 말하기, ❹ 찬트로 배우기 ❺ 놀이로 배우기, ❻ 연습해 보기, ❼ 문화 등의 일곱 가지 꼭지로 이루어져 있는데, 워크북은 줄 잇기와 빈칸 채우기, 스티커 붙이기, 십자 퍼즐, 사다리 타기 등의 다양하고 재미있는 활동을 통하여 메인북의 내용과 발음을 보충하여 익힐 수 있도록 구성하였습니다.

어린이 여러분은

❶ 워크북의 문제를 신나게 풀면서, 선생님께 배운 메인북의 학습 내용과
　단어의 뜻, 발음을 생각해 보세요.

❷ 문제를 푸는 과정을 통하여 이미 배운 발음과 관련 단어를 응용해서
　연습해 보세요.

선생님들께서는 교수 학습 자료, 또는 단원 평가용으로 활용하실 수도 있습니다.
학부모님들께서는 가정에서 '어린이가 스스로 학습'하는 자료로 활용하셔도 좋습니다.
이 워크북은 듣기와 쓰기 영역으로 나뉘어 있어서, 영역별 체크도 가능하답니다.

아무쪼록 이 워크북이 메인북에서 배운 내용을 탄탄하게 익히고,
학습자의 능력을 더욱 향상시키는 유용한 도구가 되기를 기대합니다.

지은이 일동

워크북 활용하기

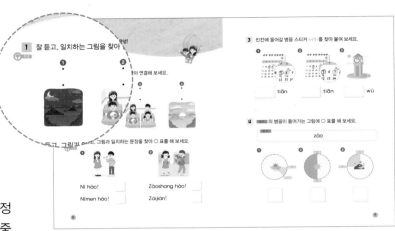

귀가 트이는 듣기 연습!

녹음에서 들려주는 중국어를 잘 듣고, 알맞은 정답을 골라 보세요. 반복해서 듣다 보면 어느새 중국어가 귀에 쏙쏙 들어옵니다.

놀이처럼 재미있는 문제!

색칠하기, 선 잇기, 미로 찾기, 스티커 붙이기, 사다리 타기 등 재미있고 다양한 문제를 풀어 보세요. 중국어에 자신감이 붙습니다.

또박또박 중국어 쓰기!

중국어 단어를 큰 소리로 읽으면서 따라 씁니다. 특히 성조에 주의하면서 한 글자 한 글자 예쁘게 써 보세요.

신나는 노래 받아쓰기!

메인북에서 배운 노래를 다시 들으면서, 빈칸에 알맞은 발음을 받아써 보세요. 빈칸을 채운 후에는 신나게 노래를 따라 불러 보세요.

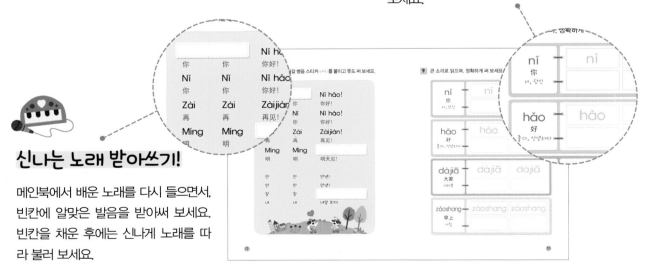

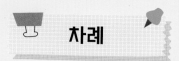

차례

 **Nǐ hǎo!** 안녕!

1 잘 듣고, 일치하는 그림을 찾아 연결해 보세요.

❶ • ❷ • ❸ •

• • •

2 잘 듣고, 그림과 일치하는 문장을 찾아 ○ 표를 해 보세요.

❶

Nǐ hǎo! ☐

Nǐmen hǎo! ☐

❷

Zǎoshang hǎo! ☐

Zàijiàn! ☐

8

3 빈칸에 들어갈 병음 스티커(69쪽)를 찾아 붙여 보세요.

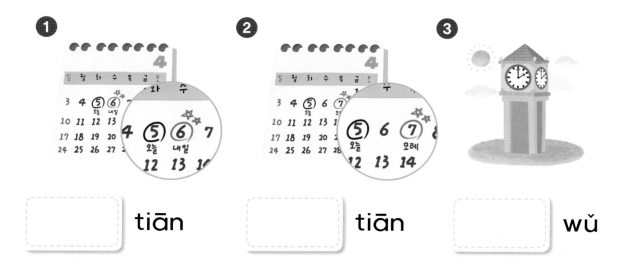

❶ ⬚ tiān

❷ ⬚ tiān

❸ ⬚ wǔ

4 [보기] 의 병음이 들어가는 그림에 ○ 표를 해 보세요.

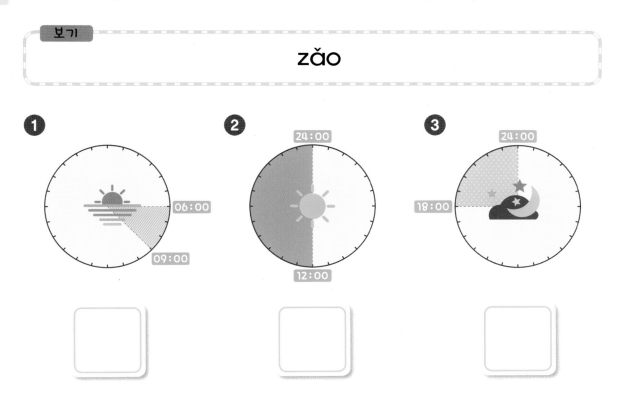

보기　zǎo

5 보기 의 우리말 뜻에 맞는 문장을 찾아 ○ 표를 해 보세요.

> 보기
> 내일 보자!　　얘들아 안녕!　　좋은 아침!

hǎo	nǐ	xiàwǔ	nǐmen
míngtiān	jiàn	yíhuìr	hǎo
dàjiā	hòutiān	zàijiàn	dàjiā
nǐ	zǎoshang	hǎo	wǎnshang

6 그림 속의 병음을 바르게 써서 문장을 완성해 보세요.

❶　uìr　h　- Yí -

> 조금 있다가 보자!

　　　　　　jiàn!

❷　sh　Wǎn　ang

> 안녕! (저녁 인사)

　　　　　　hǎo!

7 사다리를 타고 내려가, 빈칸에 알맞은 병음을 보기 에서 찾아
써 보세요.

보기
zàijiàn   dàjiā   nǐ hǎo

❶ 안녕! 你好!

❷ 잘가! 再见!

❸ 여러분 大家

8 잘 듣고, 빈칸에 들어갈 병음 스티커(69쪽)를 붙이고 뜻도 써 보세요.

你　　　　　你　　　　　Nǐ hǎo!
你好!

Nǐ　　　　 Nǐ　　　　 Nǐ hǎo!
你　　　　　你　　　　　你好!

Zài　　　　Zài　　　　Zàijiàn!
再　　　　　再　　　　　再见!

Míng　　　Míng

明　　　　　明　　　　　明天见!

안　　　　　안　　　　　안녕!
안　　　　　안　　　　　안녕!
잘　　　　　잘
내　　　　　내　　　　　내일 보자!

9 큰 소리로 읽으며, 정확하게 써 보세요.

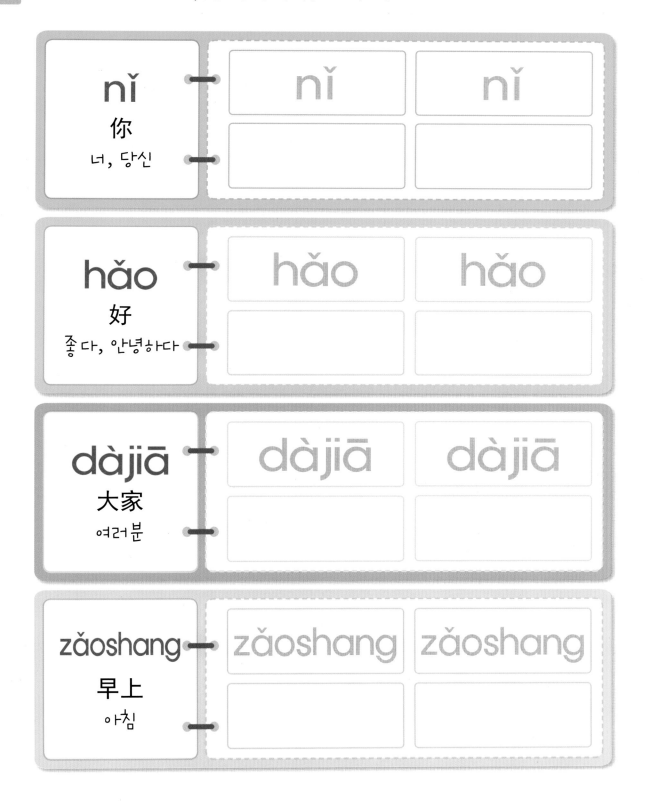

nǐ
你
너, 당신

nǐ · nǐ

hǎo
好
좋다, 안녕하다

hǎo · hǎo

dàjiā
大家
여러분

dàjiā · dàjiā

zǎoshang
早上
아침

zǎoshang · zǎoshang

Wǒ hěn hǎo. 나는 잘 지내.

1 잘 듣고, 일치하는 그림을 찾아 연결해 보세요.

① ·   ② ·   ③ ·

·   ·   ·

2 잘 듣고, 그림과 일치하는 문장을 찾아 ○ 표를 해 보세요.

①    ②

Wǒ hěn hǎo!   Nǐ lèi ma?

Xièxie!   Nǐ máng ma?

14

3 빈칸에 들어갈 병음 스티커(69쪽)를 찾아 붙여 보세요.

4 빈칸에 들어갈 알맞은 병음을 보기 에서 골라 써 보세요.

보기

í　　　è

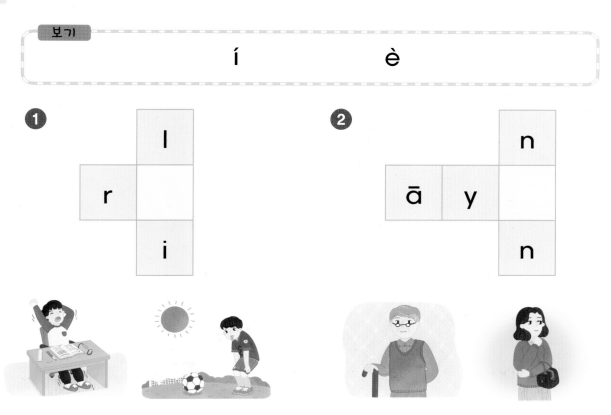

5 사다리를 따라가서 만난 병음을 빈칸에 써서 문장을 완성하고,
뜻도 써 보세요.

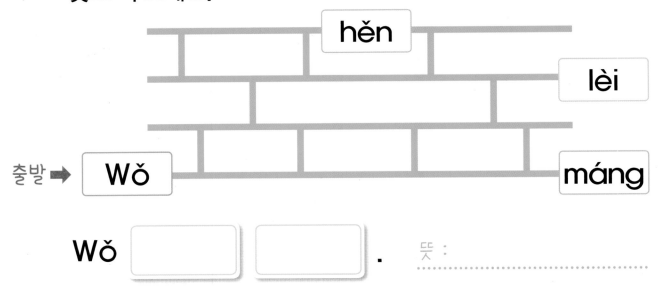

hěn

lèi

출발 ➡ Wǒ

máng

Wǒ [　　　] [　　　] . 뜻 : ···

6 그림 속의 병음을 바르게 써서 문장을 완성해 보세요.

k

q

è

i

iè

x

ie

x

천만에요.

Bú [　　　] .

감사합니다!

[　　　] nín!

7 아리의 질문에 맞게 대답한 친구가 누구인지, 미로를 따라가 찾아 보세요. 그 친구의 이름과 대답을 빈칸에 써 보세요.

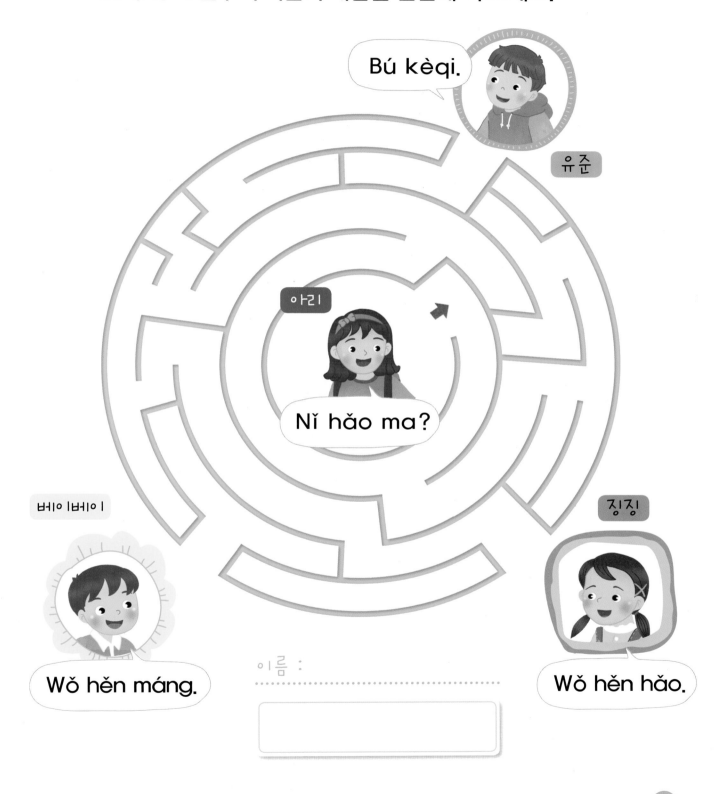

8 잘 듣고, 빈칸에 들어갈 병음 스티커(69쪽)를 붙이고 뜻도 써 보세요.

Nǐ	Nǐ	
你	你	你好吗?
Wǒ	Wǒ	Wǒ hěn hǎo.
我	我	我很好。
Xiè	Xiè	Xièxie nǐ.
谢	谢	谢谢你。
Bú	Bú	
不	不	不客气!
너는	너는	잘 지내?
나는	나는	잘 지내.
고	고	고마워!
천	천	

9 큰 소리로 읽으며, 정확하게 써 보세요.

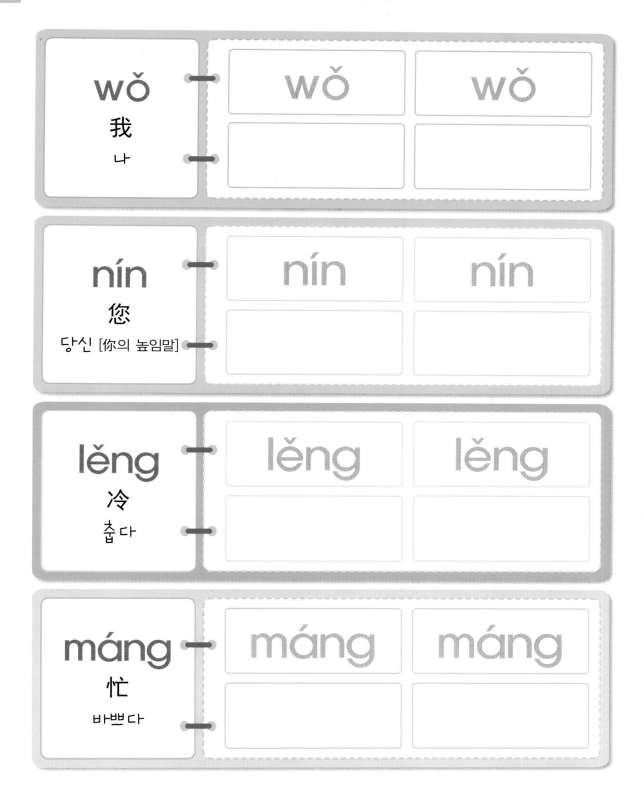

wǒ
我
나

wǒ wǒ

nín
您
당신 [你의 높임말]

nín nín

lěng
冷
춥다

lěng lěng

máng
忙
바쁘다

máng máng

3과 Wǒ jiào Ālì. 내 이름은 아리야.

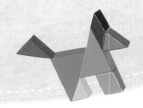

1 잘 듣고, 일치하는 그림을 찾아 연결해 보세요.

❶ · ❷ · ❸ ·

· ·

2 잘 듣고, 그림과 일치하는 문장을 찾아 ○ 표를 해 보세요.

❶  ❷

Wǒ xìng Zhāng.   Wǒ jiào Ālì.

Wǒ xìng Wáng.   Wǒ jiào Yǒujùn.

3 빈칸에 들어갈 병음 스티커(69쪽)를 찾아 붙여 보세요.

bei

4 그림을 보고 알맞은 병음에 ○ 표를 해 보세요.

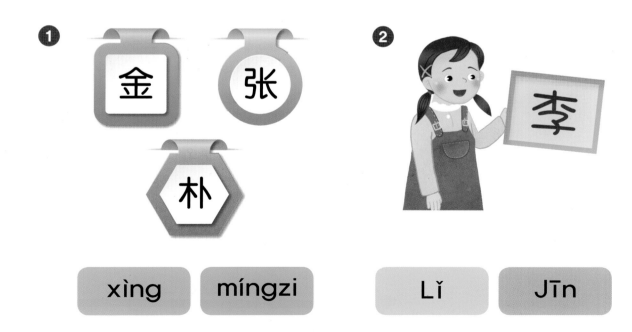

xìng   míngzi   Lǐ   Jīn

5 그림을 보고 질문에 맞는 대답을 찾아 ○ 표를 해 보세요.

①

Nǐ jiào shénme míngzi?

Wǒ xìng Jīn.

Wǒ jiào Jīngjing.

②

Nǐ xìng shénme?

Wǒ xìng Wáng.

Wǒ jiào Ālì.

6 보기 의 병음을 바르게 써서 문장을 완성해 보세요.

보기

jiào   míngzi   shénme

너는 이름이 뭐야?

Nǐ ☐ ☐ ☐ ?

7 보기 에 주어진 단어의 한자를 찾아 ○ 표를 하고, 큰 소리로 읽어 보세요.

보기

Piáo 朴   Jīn 金   Wáng 王   Lǐ 李

8 잘 듣고, 빈칸에 들어갈 병음 스티커(71쪽)를 붙이고 뜻도 써 보세요.

Míngzi	**Míngzi**	
名字	名字	你叫什么名字?
Ālì	**Ālì**	**Wǒ jiào Ālì.**
阿丽	阿丽	我叫阿丽。
Xìng	**Xìng**	**Nǐ xìng shénme?**
姓	姓	你姓什么?
Piáo	**Piáo**	
朴	朴	我姓朴。
이름	이름	너는 이름이 뭐야?
아리	아리	내 이름은 아리야.
성	성	너는 성이 뭐야?
박	박	

24

9 큰 소리로 읽으며, 정확하게 써 보세요.

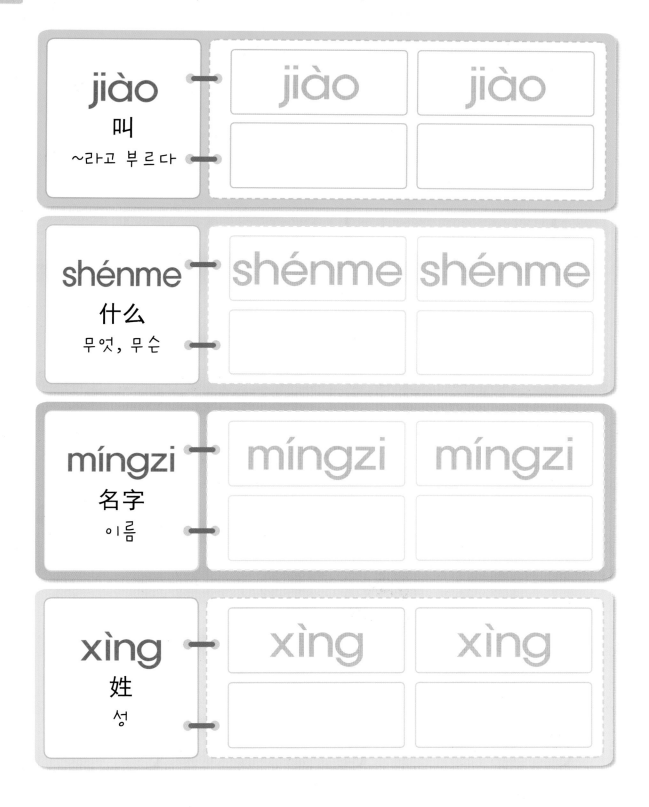

jiào
叫
~라고 부르다

jiào | jiào

shénme
什么
무엇, 무슨

shénme | shénme

míngzi
名字
이름

míngzi | míngzi

xìng
姓
성

xìng | xìng

Wǒ jiǔ suì le. 나는 아홉 살이야.

1 잘 듣고, 일치하는 그림을 찾아 연결해 보세요.

1　　　　**2**　　　　**3**

5살　10살　15살

2 잘 듣고, 그림과 일치하는 문장을 찾아 ○ 표를 해 보세요.

1

Wǒ shísān suì le. □

Wǒ shíwǔ suì le. □

2

Nǐ jǐ suì le? □

Nǐ duō dà le? □

3 빈칸에 들어갈 병음 스티커(71쪽)를 찾아 붙여 보세요.

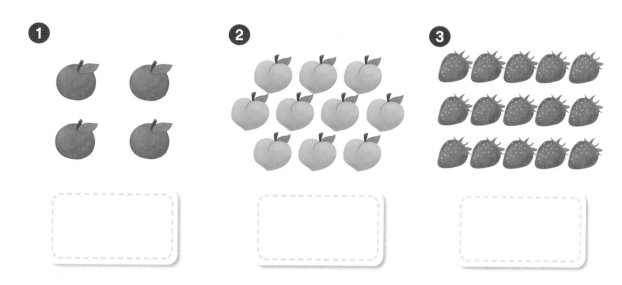

❶

❷

❸

4 설명 에 해당하는 단어의 병음을 보기 에서 골라 써 보세요.

보기

le   jǐ   suì

설명

① '몇'이라는 뜻이에요.

② 10세 이하 어린이의 나이를
물어볼 때 사용해요.

③ 한자로는 '几'라고 써요.

5 보기 의 우리말 뜻에 맞는 문장을 찾아 ○ 표를 해 보세요.

보기

나는 8살이야.   너는 몇 살이니?   그는 10살이야.

tā	èr	nǐ	le	jiǔ
jǐ	sān	jǐ	qī	dà
wǒ	bā	suì	le	suì
nǐ	bā	le	wǒ	sān
duō	tā	shí	suì	le

6 보기 처럼 우리말 뜻에 맞게 병음을 선으로 연결해 보세요.

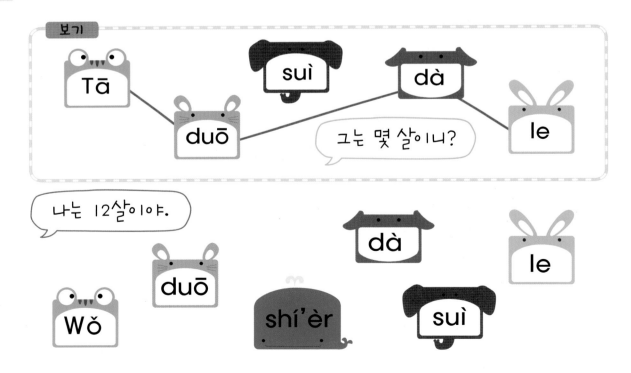

7 암호 표를 보고 친구들이 몇 살인지 병음으로 써 보세요.

| Wǒ | wǔ | qī | bā | jiǔ | shí | suì | le |

보기

나는 7살이야.

Wǒ qī suì le.

1

나는 9살이야.

Wǒ ⬚ suì le.

2

나는 15살이야.

Wǒ ⬚ suì le.

8 잘 듣고, 빈칸에 들어갈 병음 스티커(71쪽)를 붙이고 뜻도 써 보세요.

4-3

Jǐ　　　Jǐ
几　　　几

九　　　九

Duō　　Duō
多　　　多

Shísān　Shísān
十三　　十三

你几岁了?

Wǒ jiǔ suì le.
我九岁了。

他多大了?

Tā shísān suì le.
他十三岁了。

몇　　　몇
아홉　　아홉
몇　　　몇
열셋　　열셋

너는 몇 살이야?
나는 아홉 살이야
그는 몇 살이야?

9 큰 소리로 읽으며, 정확하게 써 보세요.

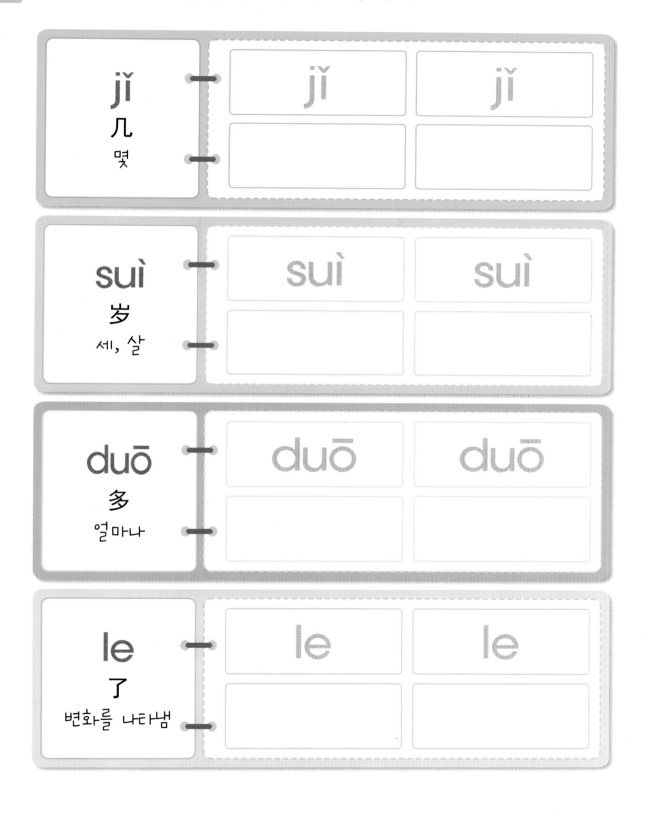

jǐ
几
몇

jǐ | jǐ

suì
岁
세, 살

suì | suì

duō
多
얼마나

duō | duō

le
了
변화를 나타냄

le | le

Tā shì wǒ mèimei.
그녀는 내 여동생이야.

1 잘 듣고, 일치하는 그림을 찾아 연결해 보세요.

 ❶   ❷ ❸

2 잘 듣고, 그림과 일치하는 문장을 찾아 ○ 표를 해 보세요.

❶

❷

Tā shì wǒ māma.

Tā shì wǒ bàba.

Tā shì wǒ gūgu.

Tā shì wǒ dìdi.

3 빈칸에 들어갈 병음 스티커(71쪽)를 찾아 붙여 보세요.

4 그림을 보고 빈칸에 들어갈 알맞은 병음을 보기 에서 골라 쓰고, 뜻도 써 보세요.

보기
ū   èi   é

① y[ ]ye   ② m[ ]mei   ③ sh[ ]shu

뜻 : ⋯⋯⋯⋯⋯⋯⋯   뜻 : ⋯⋯⋯⋯⋯⋯⋯   뜻 : ⋯⋯⋯⋯⋯⋯⋯

5 그림 속의 병음을 바르게 써서 문장을 완성해 보세요.

① 저분은 우리 할머니셔.

Tā shì wǒ [   ].

② 아니, 그는 내 남동생이야.

[   ], tā shì wǒ dìdi.

6 보기 의 병음을 무지개 색 순서대로 써서, 우리말 뜻에 맞게 문장을 완성해 보세요.

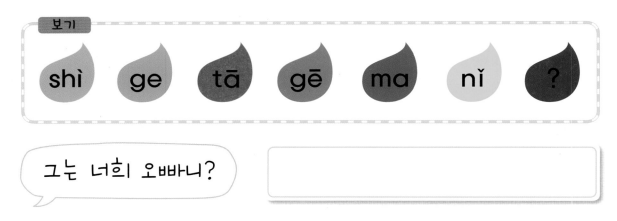

보기

shì   ge   tā   gē   ma   nǐ   ?

그는 너희 오빠니? [   ]

7 다음 힌트를 잘 읽고 알맞은 가족 그림과 연결해 보세요.

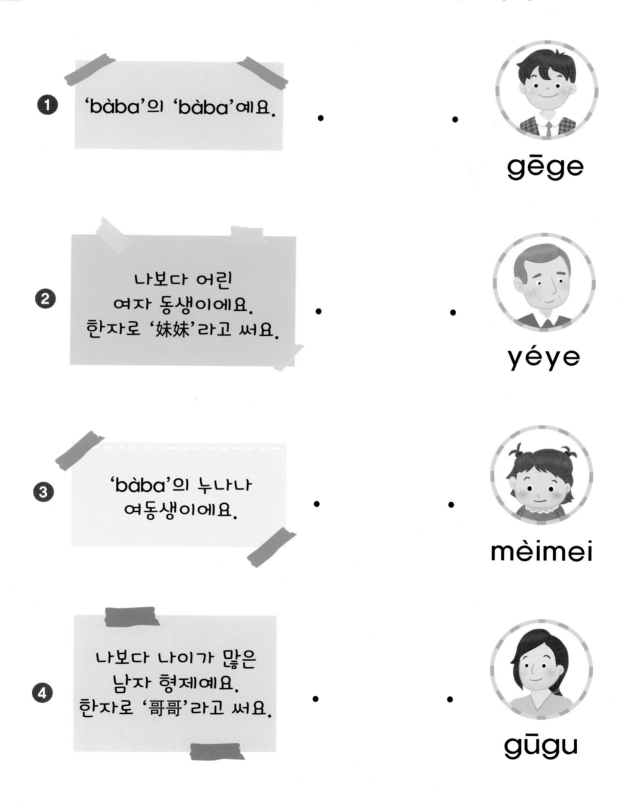

❶ 'bàba'의 'bàba'예요.

gēge

❷ 나보다 어린 여자 동생이에요. 한자로 '妹妹'라고 써요.

yéye

❸ 'bàba'의 누나나 여동생이에요.

mèimei

❹ 나보다 나이가 많은 남자 형제예요. 한자로 '哥哥'라고 써요.

gūgu

8 잘 듣고, 빈칸에 들어갈 병음 스티커(73쪽)를 붙이고 뜻도 써 보세요.

Shéi	Shéi	
谁	谁	她是谁？
Mèimei	Mèimei	Tā shì wǒ mèimei.
妹妹	妹妹	她是我妹妹。
Gēge	Gēge	
哥哥	哥哥	他是你哥哥吗？
		Tā shì wǒ dìdi.
不是	不是	他是我弟弟。
누구	누구	그녀는 누구야?
여동생	여동생	
형(오빠)	형(오빠)	그는 너희 형(오빠)이니?
아니	아니	그는 내 남동생이야.

36

9 큰 소리로 읽으며, 정확하게 써 보세요.

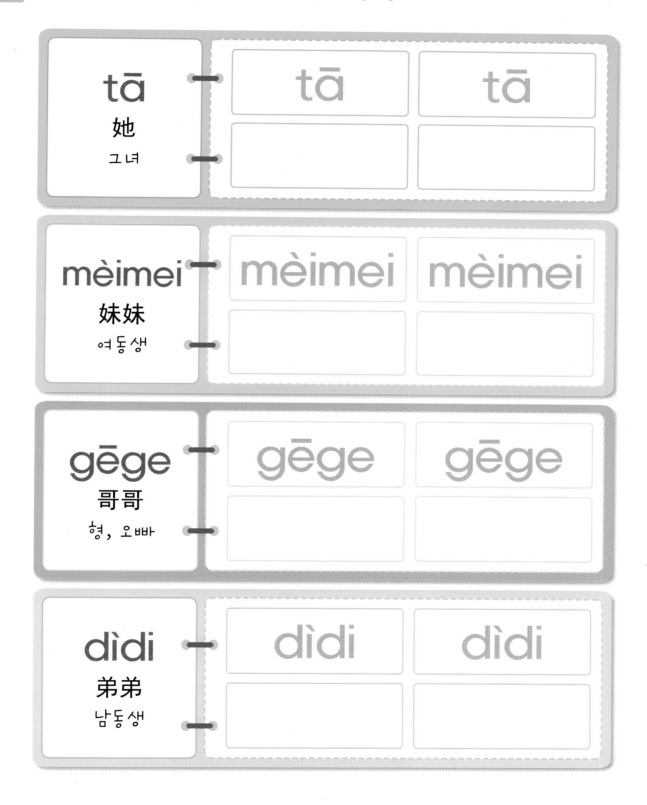

tā 她 그녀	tā	tā

mèimei 妹妹 여동생	mèimei	mèimei

gēge 哥哥 형, 오빠	gēge	gēge

dìdi 弟弟 남동생	dìdi	dìdi

6과

Wǒ xǐhuan hóngsè.
나는 빨간색을 좋아해.

1 잘 듣고, 일치하는 그림을 찾아 연결해 보세요.

6-1

❶   ❷   ❸

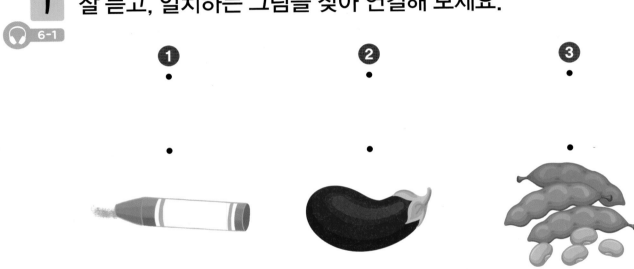

2 잘 듣고, 그림과 일치하는 문장을 찾아 ○ 표를 해 보세요.

6-2

❶

Wǒ xǐhuan hēisè. ☐

Wǒ bù xǐhuan hēisè. ☐

❷

Wǒ xǐhuan jīnsè. ☐

Wǒ bù xǐhuan jīnsè. ☐

3 빈칸에 들어갈 병음 스티커(73쪽)를 찾아 붙여 보세요.

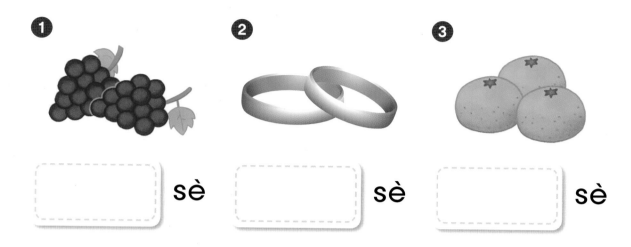

❶
sè

❷
sè

❸
sè

4 보기 처럼 우리말 뜻에 맞게 병음을 선으로 연결해 보세요.

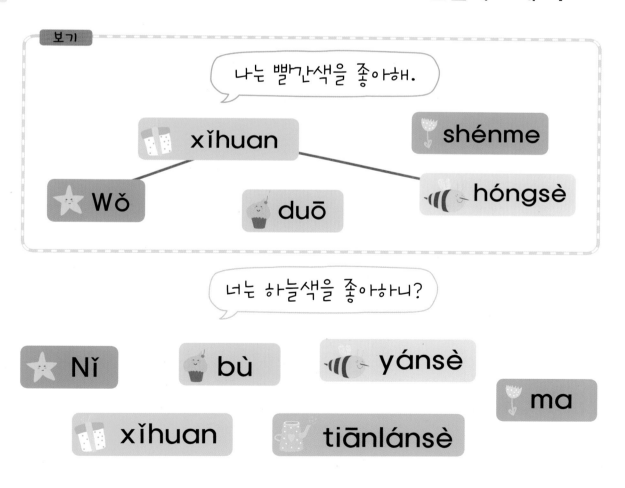

보기

나는 빨간색을 좋아해.

xǐhuan

shénme

Wǒ

duō

hóngsè

너는 하늘색을 좋아하니?

Nǐ

bù

yánsè

xǐhuan

tiānlánsè

ma

5 그림 색깔에 맞게 빈칸에 병음을 바르게 써 보세요.

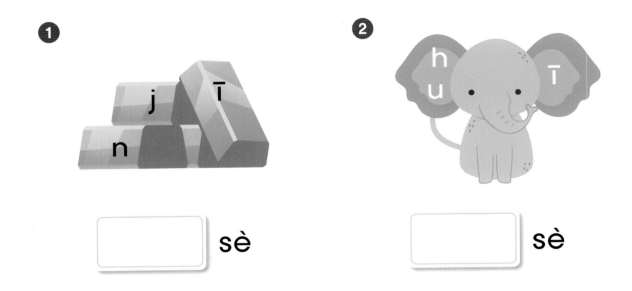

❶ j ī
n

☐ sè

❷ h
u ī

☐ sè

6 우리말 뜻에 맞게 병음 앞에 번호를 쓰고, 완성된 문장을 빈칸에 써 보세요.

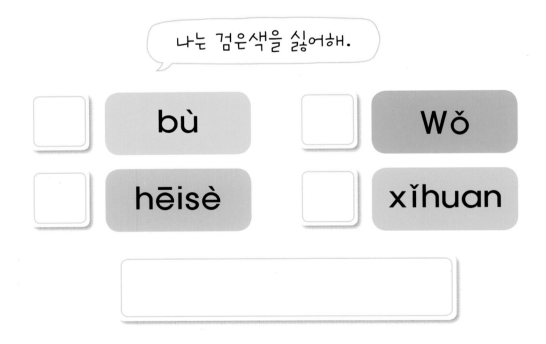

나는 검은색을 싫어해.

☐ bù   ☐ Wǒ

☐ hēisè   ☐ xǐhuan

☐

7 다음 표에서 x , i , h , u , a , n 을 모두 찾아 색칠하고,
나타나는 한자의 병음을 써 보세요.

p	k	t	q	j	s	k	c	t
t	p	v	i	g	i	x	i	w
y	t	h	g	w	c	h	p	s
r	u	h	u	z	j	u	o	k
z	q	x	m	s	z	a	s	c
v	h	t	o	p	e	h	m	p
j	u	x	h	w	c	n	t	q
p	t	b	r	k	j	n	v	c
w	a	u	h	z	h	u	x	m
q	l	c	t	o	d	t	p	k

8 잘 듣고, 빈칸에 들어갈 병음 스티커(73쪽)를 붙이고 뜻도 써 보세요.

		Nǐ xǐhuan shénme yánsè?
喜欢	喜欢	你喜欢什么颜色?
Hóngsè	Hóngsè	
红色	红色	我喜欢红色。
Huángsè	Huángsè	Nǐ xǐhuan huángsè ma?
黄色	黄色	你喜欢黄色吗?
Bù	Bù	
不	不	我不喜欢黄色。

좋아	좋아	너는 무슨 색을 좋아해?
빨강	빨강	나는 빨간색을 좋아해.
노랑	노랑	
아니	아니	나는 노란색을 싫어해.

9 큰 소리로 읽으며, 정확하게 써 보세요.

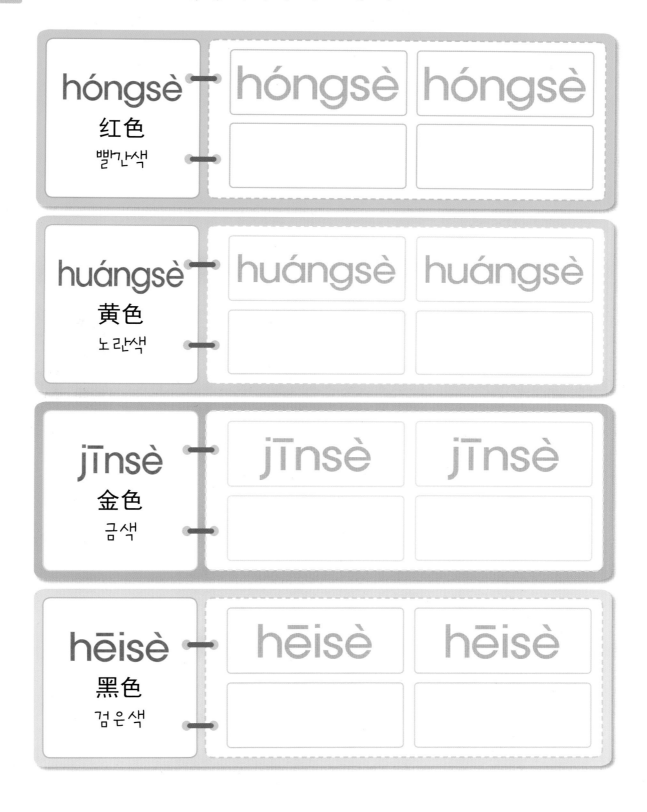

hóngsè 红色 빨간색	hóngsè	hóngsè
huángsè 黄色 노란색	huángsè	huángsè
jīnsè 金色 금색	jīnsè	jīnsè
hēisè 黑色 검은색	hēisè	hēisè

Wǒ chī bǐnggān.
나는 과자를 먹어.

1 잘 듣고, 일치하는 그림을 찾아 연결해 보세요.

🎧 7-1

❶ · ❷ · ❸ ·

2 잘 듣고, 그림과 일치하는 문장을 찾아 ○ 표를 해 보세요.

🎧 7-2

❶

Wǒ bù hē qìshuǐ. ☐

Wǒ bù hē shuǐ. ☐

❷

Wǒ chī táng. ☐

Wǒ chī miànbāo. ☐

3 빈칸에 들어갈 병음 스티커(73쪽)를 찾아 붙여 보세요.

① shuǐ ☐

② ☐ bāo

③ ☐ nǎi

4 빈칸에 공통으로 들어갈 병음을 보기 에서 골라 ○ 표를 하고 빈칸에 써 보세요.

보기

à   ó   è   ǔ

r ☐   qiǎok ☐ lì   kěl ☐

5 보기 의 문장을 바르게 말하고 있는 사람이 누구인지 ○ 표를 해 보세요.

보기
> 너는 사이다를 마시니?

Nǐ qìshuǐ hē ma?

Nǐ ma qìshuǐ hē?

Nǐ hē qìshuǐ ma?

6 그림에서 알맞은 구슬을 골라 빈칸에 병음을 써서 문장을 완성 해 보세요.

bù chī hē

❶ 나는 과일을 먹어요.

Wǒ ☐ shuǐguǒ.

❷ 나는 콜라를 안 마셔요.

Wǒ ☐ ☐ kělè.

7 두 그림을 비교해서 사라진 음식을 보기 에서 찾아 써 보세요.

보기

miànbāo   kělè   shuǐguǒ   bǐnggān
qìshuǐ   niúnǎi   fàn   táng

8 잘 듣고, 빈칸에 들어갈 병음 스티커(75쪽)를 붙이고 뜻도 써 보세요.

7-3

Chī	Chī	
吃	吃	你吃什么?
Bǐnggān	**Bǐnggān**	**Wǒ chī bǐnggān.**
饼干	饼干	我吃饼干。
Hē	**Hē**	
喝	喝	你喝水吗?
Bù	**Bù**	
不	不	我不喝水。
먹어	먹어	너는 뭘 먹어?
과자	과자	
마셔	마셔	너는 물을 마셔?
아니	아니	나는 물을 안 마셔.

48

9 큰 소리로 읽으며, 정확하게 써 보세요.

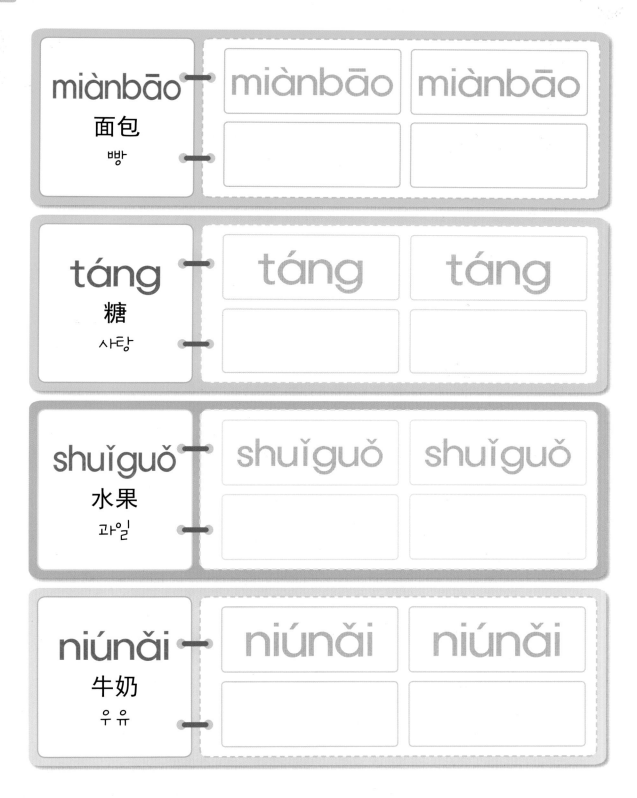

miànbāo
面包
빵

miànbāo miànbāo

tánɡ
糖
사탕

tánɡ tánɡ

shuǐɡuǒ
水果
과일

shuǐɡuǒ shuǐɡuǒ

niúnǎi
牛奶
우유

niúnǎi niúnǎi

Nà shì xióngmāo.
저것은 판다야.

1 잘 듣고, 일치하는 그림을 찾아 연결해 보세요.

 8-1

❶   ❷   ❸

2 잘 듣고, 그림과 일치하는 문장을 찾아 ○ 표를 해 보세요.

 8-2

❶

❷

Zhè shì shīzi.

Zhè shì lǎohǔ.

Nà shì xiǎo māo.

Zhè shì xiǎo māo.

3 빈칸에 들어갈 병음 스티커(75쪽)를 찾아 붙여 보세요.

① ___ zi   ② ___ māo   xiǎo ___

4 빈칸에 들어갈 알맞은 병음을 보기 에서 골라 써 보세요.

보기

ǔ   é   ǎ   ú

y   n

h   d   i

l   ǎ   o   h

5 설명 에 해당하는 병음을 보기 에서 골라 쓰고, 완성된 문장의 뜻도 써 보세요.

보기

xiǎo gǒu   xióng   hóuzi   xióngmāo

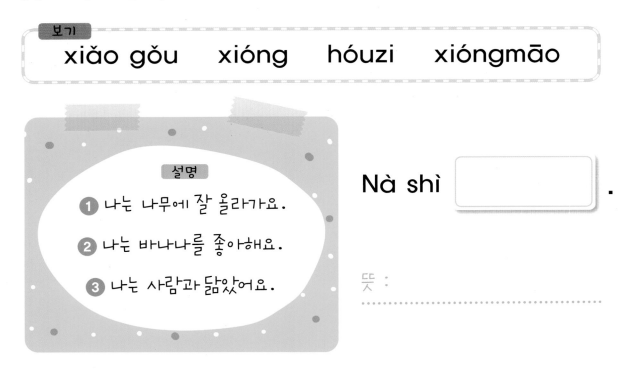

설명

① 나는 나무에 잘 올라가요.

② 나는 바나나를 좋아해요.

③ 나는 사람과 닮았어요.

Nà shì [   ].

뜻 :
....

6 병음 카드를 빈칸에 순서대로 써서 문장을 완성해 보세요.

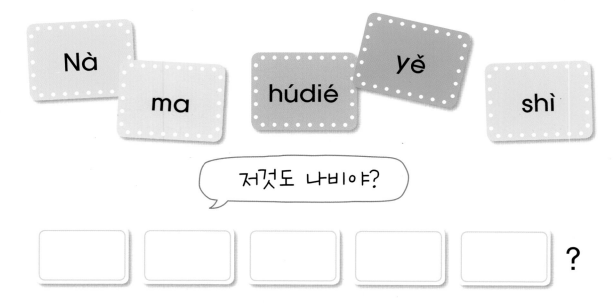

Nà   ma   húdié   yě   shì

저것도 나비야?

[ ] [ ] [ ] [ ] [ ] ?

7 점을 이어서 그림을 완성하고 예쁘게 색칠한 후, 빈칸에 병음을 써 보세요.

8 잘 듣고, 빈칸에 들어갈 병음 스티커(75쪽)를 붙이고 뜻도 써 보세요.

Zhè 这	**Zhè** 这	_____ 这是什么?
Xióng 熊	**Xióng** 熊	**Zhè shì xióng.** 这是熊。
Nà 那	**Nà** 那	_____ 那是什么?
Xióngmāo 熊猫	**Xióngmāo** 熊猫	_____ 那是熊猫。
이	이	이것은 뭐야?
곰	곰	_____
저	저	저것은 뭐야?
판다	판다	저것은 판다야.

9 큰 소리로 읽으며, 정확하게 써 보세요.

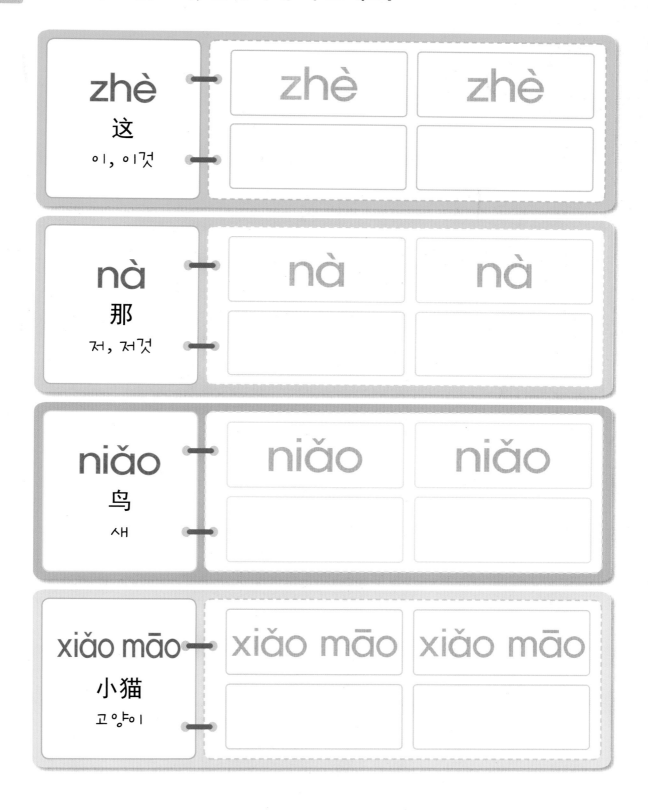

zhè 这 이, 이것	zhè	zhè

nà 那 저, 저것	nà	nà

niǎo 鸟 새	niǎo	niǎo

xiǎo māo 小猫 고양이	xiǎo māo	xiǎo māo

정답

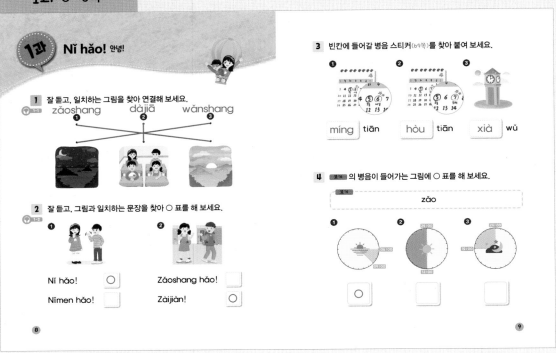

1과 Nǐ hǎo! 안녕!

1 잘 듣고, 일치하는 그림을 찾아 연결해 보세요.

zǎoshang dàjiā wǎnshang
① ② ③

2 잘 듣고, 그림과 일치하는 문장을 찾아 ○ 표를 해 보세요.

① ②

Nǐ hǎo! ○   Zǎoshang hǎo! □

Nǐmen hǎo! □   Zàijiàn! ○

3 빈칸에 들어갈 병음 스티커(69쪽)를 찾아 붙여 보세요.

① ② ③

míng | tiān   hòu | tiān   xià | wǔ

4 [보기]의 병음이 들어가는 그림에 ○ 표를 해 보세요.

[보기] zǎo

① ② ③

○ □ □

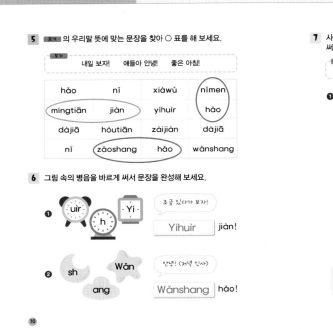

5 [보기]의 우리말 뜻에 맞는 문장을 찾아 ○ 표를 해 보세요.

[보기] 내일 보자! 얘들아 안녕! 좋은 아침!

hǎo	nǐ	xiàwǔ	(nǐmen
míngtiān	jiàn)	yíhuìr	hǎo)
dàjiā	hòutiān	zàijiàn	dàjiā
nǐ	(zǎoshang	hǎo)	wǎnshang

6 그림 속의 병음을 바르게 써서 문장을 완성해 보세요.

① uìr / h / -Yí

조금 있다가 보자!

Yíhuìr | jiàn!

② sh / Wǎn / ang

안녕! (저녁 인사)

Wǎnshang | hǎo!

7 사다리를 타고 내려가, 빈칸에 알맞은 병음을 [보기]에서 찾아 써 보세요.

[보기] zàijiàn dàjiā nǐ hǎo

① 안녕! 你好!
② 잘가! 再见!
③ 여러분 大家

nǐ hǎo   dàjiā   zàijiàn

8 잘 듣고, 빈칸에 들어갈 병음 스티커(69쪽)를 붙이고 뜻도 써 보세요.

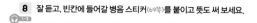

Nǐ	Nǐ	Nǐ hǎo!
你	你	你好!
Nǐ	Nǐ	Nǐ hǎo!
你	你	你好!
Zài	Zài	Zàijiàn!
再	再	再见!
Míng	Míng	Míngtiān jiàn!
明	明	明天见!
안	안	안녕!
안	안	안녕!
잘	잘	잘 가!
내	내	내일 보자!

⑫

9 큰 소리로 읽으며, 정확하게 써 보세요.

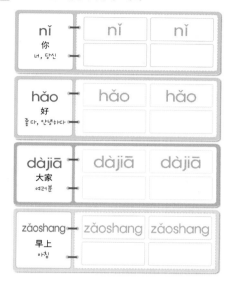

nǐ 你 너, 당신	nǐ	nǐ
hǎo 好 좋다, 안녕하다	hǎo	hǎo
dàjiā 大家 여러분	dàjiā	dàjiā
zǎoshang 早上 아침	zǎoshang	zǎoshang

⑬

2과 **Wǒ hěn hǎo.** 나는 잘 지내.

1 잘 듣고, 일치하는 그림을 찾아 연결해 보세요.

lǎoshī ①   lěng ②   máng ③

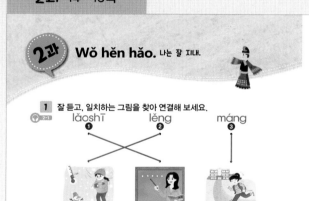

2 잘 듣고, 그림과 일치하는 문장을 찾아 ○ 표를 해 보세요.

① ②

Wǒ hěn hǎo! ☐   Nǐ lèi ma? ○

Xièxie! ○   Nǐ máng ma? ☐

⑭

3 빈칸에 들어갈 병음 스티커(69쪽)를 찾아 붙여 보세요.

① ② ③

lěng   máng   rè

4 빈칸에 들어갈 알맞은 병음을 [보기]에서 골라 써 보세요.

[보기]   í   è

① ②

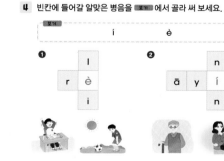

	l	
r	è	
	i	

		n
ā	y	í
		n

⑮

5 사다리를 따라가서 만난 병음을 빈칸에 써서 문장을 완성하고, 뜻도 써 보세요.

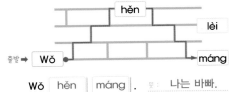

Wǒ [hěn] [máng]. 뜻: 나는 바빠.

6 그림 속의 병음을 바르게 써서 문장을 완성해 보세요.

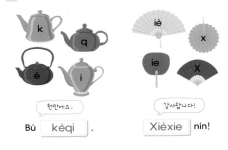

천만에요.

Bú [kèqi].

감사합니다!

[Xièxie] nín!

7 아리의 질문에 맞게 대답한 친구가 누구인지, 미로를 따라가 찾아 보세요. 그 친구의 이름과 대답을 빈칸에 써 보세요.

이름: 징징

Wǒ hěn hǎo.

① 16

① 17

8 잘 듣고, 빈칸에 들어갈 병음 스티커(69쪽)를 붙이고 뜻도 써 보세요.

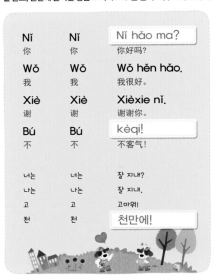

Nǐ	Nǐ	Nǐ hǎo ma?
你	你	你好吗?
Wǒ	Wǒ	Wǒ hěn hǎo.
我	我	我很好。
Xiè	Xiè	Xièxie nǐ.
谢	谢	谢谢你。
Bú	Bú	kèqi!
不	不	不客气!

너는	너는	잘 지내?
나는	나는	잘 지내.
고	고	고마워!
천	천	천만에!

9 큰 소리로 읽으며, 정확하게 써 보세요.

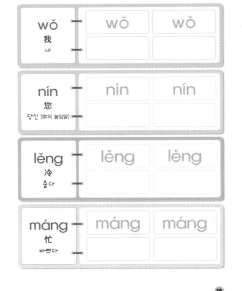

wǒ 我 나	wǒ	wǒ

nín 您 당신 [你의 높임말]	nín	nín

lěng 冷 춥다	lěng	lěng

máng 忙 바쁘다	máng	máng

① 18

① 19

58

3과 20~21쪽

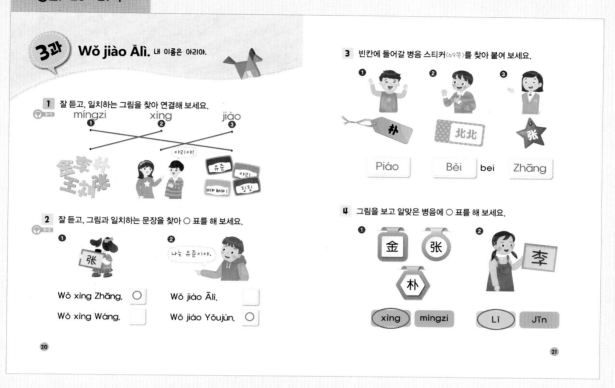

3과 22~23쪽

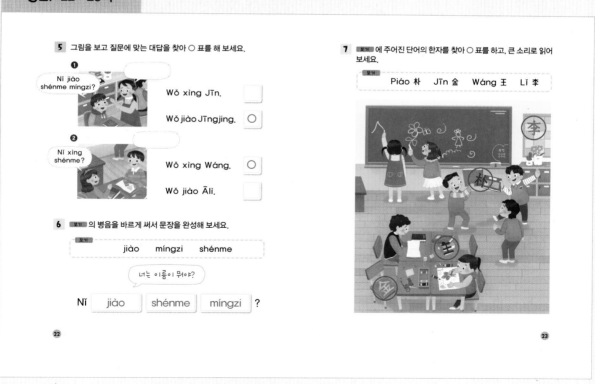

8 잘 듣고, 빈칸에 들어갈 병음 스티커(71쪽)를 붙이고 뜻도 써 보세요.
🎧 3-3

Míngzi	Míngzi	Nǐ jiào shénme míngzi?
名字	名字	你叫什么名字?
Ālì	Ālì	Wǒ jiào Ālì.
阿丽	阿丽	我叫阿丽。
Xìng	Xìng	Nǐ xìng shénme?
姓	姓	你姓什么?
Piáo	Piáo	Wǒ xìng Piáo.
朴	朴	我姓朴。
이름	이름	너는 이름이 뭐야?
아리	아리	내 이름은 아리야.
성	성	너는 성이 뭐야?
박	박	나는 박씨야.

9 큰 소리로 읽으며, 정확하게 써 보세요.

jiào ~라고 부르다	jiào	jiào

shénme 무엇, 무슨	shénme	shénme

míngzi 名字 이름	míngzi	míngzi

xìng 姓 성	xìng	xìng

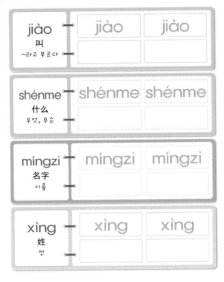

4과 Wǒ jiǔ suì le. 나는 아홉 살이야.

1 잘 듣고, 일치하는 그림을 찾아 연결해 보세요.
🎧 4-1

suì ① | sān ② | shí'èr ③

2 잘 듣고, 그림과 일치하는 문장을 찾아 ○ 표를 해 보세요.
🎧 4-2

① Wǒ shísān suì le. ○
Wǒ shíwǔ suì le. ☐

② Nǐ jǐ suì le? ☐
Nǐ duō dà le? ○

3 빈칸에 들어갈 병음 스티커(71쪽)를 찾아 붙여 보세요.

① sì ② shí ③ shíwǔ

4 설명 에 해당하는 단어의 병음을 보기 에서 골라 써 보세요.

보기: le jǐ suì

설명
① '몇'이라는 뜻이에요.
② 10세 이상 어린이의 나이를 물어볼 때 사용해요.
③ 한자로는 '几'라고 써요.

jǐ

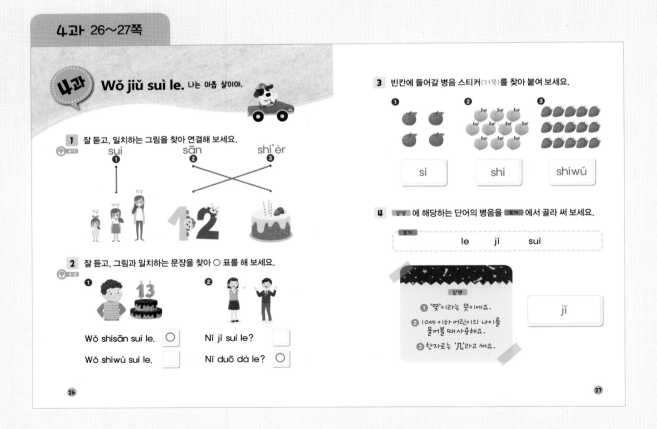

5 보기 의 우리말 뜻에 맞는 문장을 찾아 ○ 표를 해 보세요.

보기
나는 8살이야.   너는 몇 살이니?   그는 10살이야.

tā	èr	nǐ	le	jiǔ
jǐ	sān	jǐ	qī	dà
wǒ	bā	suì	le	suì
nǐ	bā	le	wǒ	sān
duō	tā	shí	suì	le

6 보기 처럼 우리말 뜻에 맞게 병음을 선으로 연결해 보세요.

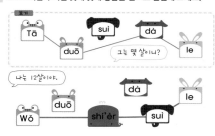

7 암호 표를 보고 친구들이 몇 살인지 병음으로 써 보세요.

Wǒ wǔ qī bā jiǔ shí suì le

보기
나는 7살이야.
Wǒ [qī] suì le.

❶ 나는 9살이야.
Wǒ [jiǔ] suì le.

❷ 나는 15살이야.
Wǒ [shíwǔ] suì le.

8 잘 듣고, 빈칸에 들어갈 병음 스티커(71쪽)를 붙이고 뜻도 써 보세요.

Jǐ 几	Jǐ 几	Nǐ jǐ suì le? 你几岁了?
Jiǔ 九	Jiǔ 九	Wǒ jiǔ suì le. 我九岁了。
Duō 多	Duō 多	Tā duō dà le? 他多大了？
Shísān 十三	Shísān 十三	Tā shísān suì le. 他十三岁了。
몇	몇	너는 몇 살이야?
아홉	아홉	나는 아홉 살이야
몇	몇	그는 몇 살이야?
열셋	열셋	그는 열세 살이야.

9 큰 소리로 읽으며, 정확하게 써 보세요.

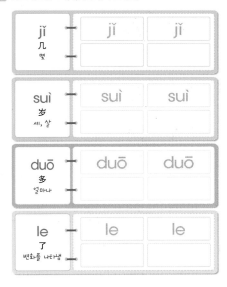

jǐ 几 몇	jǐ	jǐ
suì 岁 세, 살	suì	suì
duō 多 얼마나	duō	duō
le 了 변화를 나타냄	le	le

28
29
30
31

5과 Tā shì wǒ mèimei.
그녀는 내 여동생이야.

1 잘 듣고, 일치하는 그림을 찾아 연결해 보세요.

jiějie ①　nǎinai ②　shūshu ③

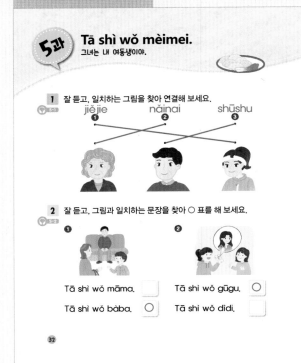

2 잘 듣고, 그림과 일치하는 문장을 찾아 ○ 표를 해 보세요.

❶　❷

Tā shì wǒ māma. ☐　Tā shì wǒ gūgu. ○

Tā shì wǒ bàba. ○　Tā shì wǒ dìdi. ☐

3 빈칸에 들어갈 병음 스티커(71쪽)를 찾아 붙여 보세요.

❶　❷　❸

jiějie　nǎinai　gēge

4 그림을 보고 빈칸에 들어갈 알맞은 병음을 보기 에서 골라 쓰고, 뜻도 써 보세요.

보기　ū　èi　é

❶　❷　❸

y é ye　m èi mei　sh ū shu

뜻: 할아버지　뜻: 여동생　뜻: 삼촌

5 그림 속의 병음을 바르게 써서 문장을 완성해 보세요.

❶ n ǎi ai n
저분은 우리 할머니셔.
Tā shì wǒ nǎinai .

❷ ú i sh B
아니, 그는 내 남동생이야.
Bú shì , tā shì wǒ dìdi.

6 보기 의 병음을 무지개 색 순서대로 써서, 우리말 뜻에 맞게 문장을 완성해 보세요.

보기　shì ge tā gē ma nǐ ?

그는 너희 오빠니?　Tā shì nǐ gēge ma?

7 다음 힌트를 잘 읽고 알맞은 가족 그림과 연결해 보세요.

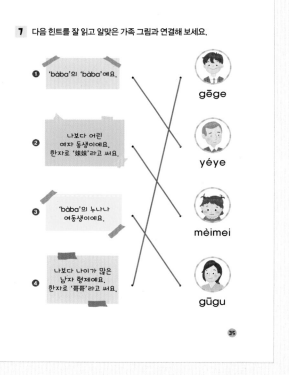

❶ 'bàba'의 'bàba'예요.
❷ 나보다 어린 여자 동생이에요. 한자로 '妹妹'라고 써요.
❸ 'bàba'의 누나나 여동생이에요.
❹ 나보다 나이가 많은 남자 형제예요. 한자로 '哥哥'라고 써요.

gēge　yéye　mèimei　gūgu

8 잘 듣고, 빈칸에 들어갈 병음 스티커(73쪽)를 붙이고 뜻도 써 보세요.

Shéi	Shéi	Tā shì shéi?
谁	谁	她是谁?
Mèimei	Mèimei	Tā shì wǒ mèimei.
妹妹	妹妹	她是我妹妹。
Gēge	Gēge	Tā shì nǐ gēge ma?
哥哥	哥哥	他是你哥哥吗?
Bú shì	Bú shì	Tā shì wǒ dìdi.
不是	不是	他是我弟弟。

누구	누구	그녀는 누구야?
여동생	여동생	그녀는 내 여동생이야.
형(오빠)	형(오빠)	그는 너희 형(오빠)이니?
아니	아니	그는 내 남동생이야.

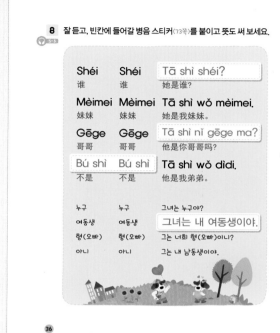

9 큰 소리로 읽으며, 정확하게 써 보세요.

tā 她 그녀	tā	tā

mèimei 妹妹 여동생	mèimei	mèimei

gēge 哥哥 형, 오빠	gēge	gēge

dìdi 弟弟 남동생	dìdi	dìdi

36   37

6과 Wǒ xǐhuan hóngsè.
나는 빨간색을 좋아해.

1 잘 듣고, 일치하는 그림을 찾아 연결해 보세요.

    zǐsè   lǜsè   huīsè

2 잘 듣고, 그림과 일치하는 문장을 찾아 ○ 표를 해 보세요.

Wǒ xǐhuan hēisè. ☐	Wǒ xǐhuan jīnsè. ○
Wǒ bù xǐhuan hēisè. ○	Wǒ bù xǐhuan jīnsè. ☐

3 빈칸에 들어갈 병음 스티커(73쪽)를 찾아 붙여 보세요.

❶   ❷   ❸

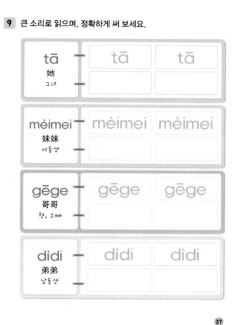

zǐ	sè	yín	sè	chéng	sè

4 보기 처럼 우리말 뜻에 맞게 병음을 선으로 연결해 보세요.

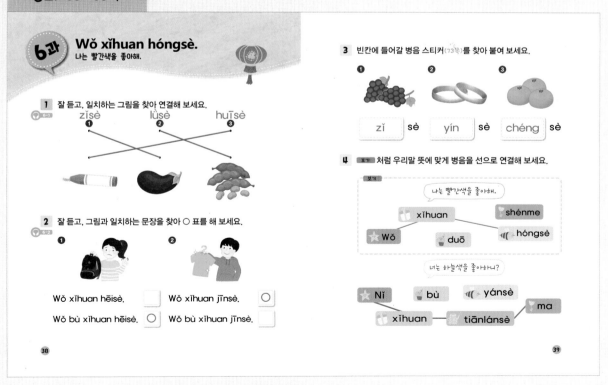

보기

나는 빨간색을 좋아해.

☆ Wǒ — xǐhuan — shénme
duō — hóngsè

너는 하늘색을 좋아하니?

☆ Nǐ — bù — yánsè
xǐhuan — tiānlánsè — ma

38   39

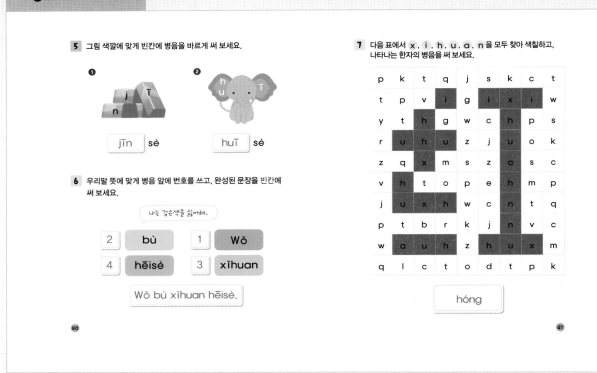

5 그림 색깔에 맞게 빈칸에 병음을 바르게 써 보세요.

❶ jīn sè

❷ huī sè

6 우리말 뜻에 맞게 병음 앞에 번호를 쓰고, 완성된 문장을 빈칸에 써 보세요.

나는 검은색을 싫어해.

2 bù   1 Wǒ
4 hēisè   3 xǐhuan

Wǒ bù xǐhuan hēisè.

7 다음 표에서 x, ǐ, h, u, a, n 을 모두 찾아 색칠하고, 나타나는 한자의 병음을 써 보세요.

hóng

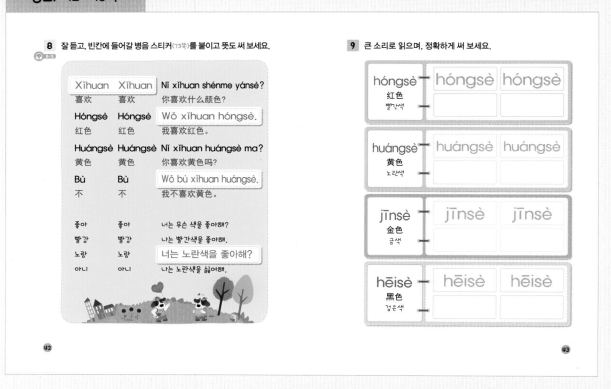

8 잘 듣고, 빈칸에 들어갈 병음 스티커(73쪽)를 붙이고 뜻도 써 보세요.

Xǐhuan	Xǐhuan	Nǐ xǐhuan shénme yánsè?
喜欢	喜欢	你喜欢什么颜色?
Hóngsè	Hóngsè	Wǒ xǐhuan hóngsè.
红色	红色	我喜欢红色。
Huángsè	Huángsè	Nǐ xǐhuan huángsè ma?
黄色	黄色	你喜欢黄色吗?
Bù	Bù	Wǒ bù xǐhuan huángsè.
不	不	我不喜欢黄色。

좋아   좋아   너는 무슨 색을 좋아해?
빨강   빨강   나는 빨간색을 좋아해.
노랑   노랑   너는 노란색을 좋아해?
아니   아니   나는 노란색을 싫어해.

9 큰 소리로 읽으며, 정확하게 써 보세요.

hóngsè 红色 빨간색	hóngsè	hóngsè
huángsè 黄色 노란색	huángsè	huángsè
jīnsè 金色 금색	jīnsè	jīnsè
hēisè 黑色 검은색	hēisè	hēisè

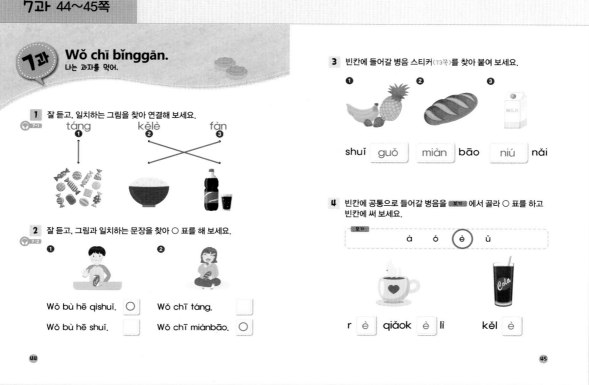

8 잘 듣고, 빈칸에 들어갈 병음 스티커(75쪽)를 붙이고 뜻도 써 보세요.

Chī	Chī	Nǐ chī shénme?
吃	吃	你吃什么?
Bǐnggān	Bǐnggān	Wǒ chī bǐnggān.
饼干	饼干	我吃饼干。
Hē	Hē	Nǐ hē shuǐ ma?
喝	喝	你喝水吗?
Bù	Bù	Wǒ bù hē shuǐ.
不	不	我不喝水。

먹어	먹어	너는 뭘 먹어?
과자	과자	나는 과자를 먹어.
마셔	마셔	너는 물을 마셔?
아니	아니	나는 물을 안 마셔.

9 큰 소리로 읽으며, 정확하게 써 보세요.

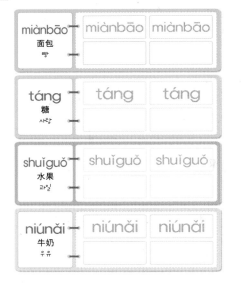

| miànbāo 面包 빵 | miànbāo | miànbāo |
| | | |

| táng 糖 사탕 | táng | táng |
| | | |

| shuǐguǒ 水果 과일 | shuǐguǒ | shuǐguǒ |
| | | |

| niúnǎi 牛奶 우유 | niúnǎi | niúnǎi |
| | | |

8과 Nà shì xióngmāo.
저것은 판다야.

1 잘 듣고, 일치하는 그림을 찾아 연결해 보세요.

hóuzi ①   niǎo ②   húdié ③

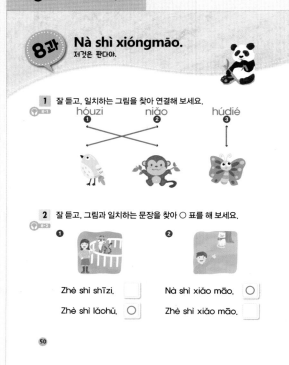

2 잘 듣고, 그림과 일치하는 문장을 찾아 ○ 표를 해 보세요.

①   ②

Zhè shì shīzi. ☐   Nà shì xiǎo māo. ◯

Zhè shì lǎohǔ. ◯   Zhè shì xiǎo māo. ☐

3 빈칸에 들어갈 병음 스티커(75쪽)를 찾아 붙여 보세요.

①   ②   ③

shī | zi   xióng | māo   xiǎo | gǒu

4 빈칸에 들어갈 알맞은 병음을 보기 에서 골라 써 보세요.

보기   ǔ é ǎ ú

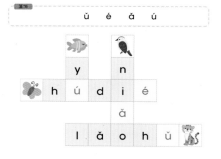

	y		n	
h	ú	d	i	é
		ǎ		
l	ǎ	o	h	ǔ

50   51

5 설명 에 해당하는 병음을 보기 에서 골라 쓰고, 완성된 문장의 뜻도 써 보세요.

보기
xiǎo gǒu   xióng   hóuzi   xióngmāo

설명
① 나는 나무에 잘 올라가요.
② 나는 바나나를 좋아해요.
③ 나는 사람과 닮았어요.

Nà shì [hóuzi].

뜻 저것은 원숭이야.

6 병음 카드를 빈칸에 순서대로 써서 문장을 완성해 보세요.

Nà   ma   húdié   yě   shì

(저것도 나비야?)

| Nà | yě | shì | húdié | ma | ? |

7 점을 이어서 그림을 완성하고 예쁘게 색칠한 후, 빈칸에 병음을 써 보세요.

[yú]

---

8 잘 듣고, 빈칸에 들어갈 병음 스티커(75쪽)를 붙이고 뜻도 써 보세요.

Zhè 这	Zhè 这	Zhè shì shénme? 这是什么?
Xióng 熊	Xióng 熊	Zhè shì xióng. 这是熊。
Nà 那	Nà 那	Nà shì shénme? 那是什么?
Xióngmāo 熊猫	Xióngmāo 熊猫	Nà shì Xióngmāo. 那是熊猫。
이	이	이것은 뭐야?
곰	곰	이것은 곰이야.
저	저	저것은 뭐야?
판다	판다	저것은 판다야.

9 큰 소리로 읽으며, 정확하게 써 보세요.

zhè 这 이, 이것	zhè	zhè
nà 那 저, 저것	nà	nà
niǎo 鸟 새	niǎo	niǎo
xiǎo māo 小猫 고양이	xiǎo māo	xiǎo māo